AF305436

COLLECTION

DE LA

PEAU DE L'OURS
TABLEAUX MODERNES

COLLECTION

de la

"Peau de l'Ours"

Collection

de la

" Peau de l'Ours "

ŒUVRES

de

BERNARD, BONNARD, CROSS, DENIS, DERAIN, Van DONGEN,
DUFRENOY, FILIGER, FLANDRIN, FORAIN, R. de la FRESNAYE,
FRIESZ, GAUGUIN, GIRIEUD, Van GOGH, GRASS-MICK, GUYS,
HENRI-MATISSE, HERBIN, HERVIER, LACOSTE, LAPRADE,
Marie LAURENCIN, MAILLOL, MANGUIN, MARQUET, Mme MARVAL,
METZINGER, PICASSO, PUY, RANSON, Od. REDON, ROUAULT,
ROUSSEL, DUNOYER de SEGONZAC, SÉRUZIER, SIGNAC, UTRILLO,
VALLOTTON, VERHOEVEN, de VLAMINCK, VUILLARD, etc.,

dont la vente aux enchères publiques, aura lieu à Paris

Hôtel Drouot, Salles n°s 7 et 8

le Lundi 2 Mars 1914, à 2 heures

Me HENRI BAUDOIN

COMMISSAIRE-PRISEUR

Successeur de M. PAUL CHEVALLIER

10, rue de la Grange-Batelière.

J. & G^{ie} BERNHEIM-JEUNE

EXPERTS PRÈS LA COUR D'APPEL

25, boulevard de la Madeleine;
15, rue Richepance; 36, avenue de l'Opéra.

E. DRUET

EXPERT

20, rue Royale.

EXPOSITION PARTICULIÈRE : le Samedi 28 février 1914, de 2 h. à 6 h.
EXPOSITION PUBLIQUE : le Dimanche 1er mars 1914, de 2 h. à 6 h.

Entrée par la rue de la Grange-Batelière

CONDITIONS DE LA VENTE

Elle sera faite au comptant.

Les acquéreurs paieront dix pour cent *en sus des enchères.*

Ce Catalogue se distribue à PARIS :

chez MM. BERNHEIM-JEUNE : 25, *boulevard de la Madeleine;*

15, *rue Richepance;*

36, *avenue de l'Opéra.*

chez M. E. DRUET : 20, *rue Royale.*

à LAUSANNE (Suisse) :

chez MM. BERNHEIM-JEUNE : 87, *Galeries du Commerce;*

M. P. VALLOTTON, *Directeur.*

Des amis se sont réunis, il y a dix ans, pour former une collection de tableaux et surtout garnir, orner les murs de leurs logis. Les belles œuvres du passé étant déjà presque inaccessibles, ils se laissèrent aisément persuader, jeunes la plupart et fondant espoir en l'avenir, de faire confiance à des artistes jeunes aussi ou récemment découverts. Il leur semblait honorable de courir les risques que comportent les choses nouvelles plutôt que ceux, non moins redoutables, du faux, du truqué, du surfait. — N'observaient-ils pas, en paraissant aller de l'avant, la tradition même des bonnes époques, moins attentives au passé qu'à la mise en valeur du présent et à la préparation de l'avenir et plus préoccupées de la formation des styles que de leur classification et de leur momification dans le musée? — L'un d'entre eux avait le goût de

consacrer aux démarches nécessaires plus de son temps
que les autres du leur. Quelque initiative lui fut
laissée. Ainsi a été formée cette collection indivise,
qui va cesser de l'être, issue inéluctable et prévue à
cette échéance dès l'origine.

Telle quelle — et pour peu d'instants rassem-
blée — elle constituera peut-être un abrégé, non sans
maintes lacunes, des recherches sincères et person-
nelles auxquelles se sont livrés des peintres, ces der-
nières années. Abrégé est trop dire encore : aperçu,
seulement, des tendances et des réalisations d'une
époque particulièrement féconde dans son ardeur et
sa hardiesse.

Après les libertés gagnées par les luttes impres-
sionnistes, d'autres franchises ont été obtenues qui
ont conféré à la palette du peintre, déjà éclaircie, une
vigueur de ton nouvelle. Des antipodes hardiment
explorés il est venu un tribut primitif de fruits sau-
vages, colorés et tonifiants. Dans nos demeures, des
intimistes ont élargi la conception de l'intérieur et
lui ont donné une souplesse, un moelleux inattendus.
Tel autre, comme on le lui a entendu dire, a souhaité
trouver pour s'exprimer des couleurs que personne
avant lui n'ait mises sur la toile et, par la magie
d'accords exaltés et inédits, a réalisé ce beau désir.
Un autre encore a accompli, dans une grande jeunesse,

en plusieurs évolutions, une œuvre considérable, pleine de force, de grâce et de gravité, avant d'être séduit par la beauté abstraite, célébrée par Platon, des plans et des lignes et de se lancer en initiateur dans ce domaine à la poursuite de découvertes dont la portée ne peut encore être mesurée. Quoi qu'il ne soit pas impossible de trouver, dans le temps et dans l'espace, les premières données des tentatives actuelles, l'art du peintre semble bien, aujourd'hui surtout, ne plus connaître de limites, ni de règles que celle, éternelle, du goût. Licence dangereuse pour les faibles, liberté excellente pour ceux qui sont supérieurement doués et déjà l'on voit poindre chez des nouveaux venus une fantaisie, une allure dégagée, une jeunesse de goût que n'auront pu connaître ceux qui ont lutté pour les affranchir. Au surplus, aux disciplines d'école a succédé pour tous ces peintres celle qu'ils se sont imposée eux-mêmes et qui, sans réprimer leurs élans, n'étant point opposée à leur nature, concentre leur effort. Il semble que, lorsqu'on jugera l'art de cette époque d'assez loin pour ne voir, au commencement du xxᵉ siècle, qu'une seule école, elle se caractérisera, sous l'égide sans doute de Cézanne, par un retour marqué vers la solidité, la composition, la tradition hautement comprise.

Recherches, tentatives, disait-on plus haut.

Peut-être s'apercevra-t-on bientôt, comme il est advenu tant de fois, qu'elles étaient de véritables réalisations et qu'au moment où l'on ne croyait encore qu'à des prémices, l'artiste produisait déjà une œuvre achevée.

Pourquoi ne point l'avouer, l'acquisition de certains des tableaux que recense ce catalogue n'a pas été sans hésitation, sans appréhension même. La vision de telle ou telle toile revenait cependant comme une obsession et la possession seule délivrait de la hantise. Est-il besoin d'ajouter que ce furent en général les plus choyées par la suite? A présent, celui ou ceux qui avaient frémi de telles audaces s'étonnent, en leur présence, de contempler des œuvres de sage équilibre et ne retiennent leur première appréciation que comme une invite à la réserve dans les jugements.

PEINTURES

BERNARD
(ÉMILE)

1. — Paysage.

Au premier plan, la pente douce d'un coteau semé de verdures;
par delà, le coteau se prolonge habillé de végétations plus claires.
Plus loin, contre le ciel, une ligne de maisons.
A droite, en bas, une prairie rousse avec une vache.

Signé à gauche en bas : Émile Bernard, 1888.

Toile. — Haut., 73 cent. 1/2; larg., 89 cent. 1/2.

BERNARD
(ÉMILE)

2. — Bretonnes de Pont-Aven.

La chapelle rose à gauche. Des femmes sont debout près de
l'entrée. Deux autres, à droite, sont assises à l'ombre des arbres.

Signé à gauche en bas : E. Bernard. 1892.

Toile. — Haut., 76 cent. 1/2; larg., 1 mètre.

BIETTE
(JEAN)

3. — Le plâtre et l'écran. Nature morte.

Sur une table vue de coin, tapis gris et étoffes. A droite, petit
vase chinois, un bœuf de porcelaine. A gauche, un écran octogonal.
Et encore, un grès vert, à anses, rempli de fleurs et un plâtre
d'après l'antique, dressé contre une draperie rouge.

Signé à droite en bas : Jean Biette.

Toile. — Haut., 81 cent.; larg., 65 cent.

BONNARD
(PIERRE)

4. — L'aquarium.

Etude de poissons et de crustacés.

PANNEAU. — Haut., 38 cent. 1/2; larg., 46 cent.

BRAUT
(ALBERT)

5. — Le rideau d'algérienne.

Sur la nappe, bouteille à liqueur, tasse à café, pommes. Le rideau tendu en arrière à droite.

Signé à gauche en haut : Albert Braut.

TOILE. — Haut., 32 cent. 1/2; larg., 41 cent.

CHÉRET
(JULES)

6. — Lulu.

Figure de ballerine déployant sa chevelure blonde au-dessus du croissant lunaire.
Une autre danseuse à gauche.

Signé à gauche en bas : J. Chéret. (Lulu.)

PANNEAU. — Haut., 33 cent. 1/2; larg., 25 cent.

DENIS
(MAURICE)

7. — Le verger.

Deux femmes à gauche portant des enfants dans leurs bras.
Une fillette. Au fond à droite, deux autres femmes près de la
rivière.

A droite en bas : le monogramme de l'artiste et la date 92.

PANNEAU. — Haut., 21 cent.; larg., 30 cent.

DENIS
(MAURICE)

8. — Femme et enfant.

Une femme en grande coiffe blanche assise sur le parapet d'un
quai au delà duquel on voit la mer et au fond une sorte de jetée
rouge.
Près de la femme, un petit enfant en costume de bain.

A droite en bas : le monogramme de l'artiste.

TOILE. — Haut., 44 cent.; larg., 34 cent.

DERAIN
(ANDRÉ)

9. — La chambre.

A gauche, le lit à demi découvert et, plus près, un fauteuil
noir. A droite, lampe à abat-jour vert sur une petite table. Une
cheminée.

Signé à droite en bas : A. Derain.

TOILE. — Haut., 33 cent. 1/2; larg., 43 cent.

DERAIN
(ANDRÉ)

10. — Pêches dans une assiette.

Trois fruits plus gros que nature dans une assiette de terre
blanche sur un fond rouge et brun sombre.

TOILE. — Haut., 19 cent.; larg., 25 cent.

DERAIN
(ANDRÉ)

11. — Vases de grès.

Sur un arrière-plan rouge — table et fond — trois vases de
formes variées, un bassin à gauche, avec quelques fruits.

TOILE. — Haut., 55 cent.; larg., 47 cent. 1/2.

DERAIN
(ANDRÉ)

12. — Martigues.

Premier plan ocreux avec buissons à droite. Grand arbre à
gauche aux branches élargies sur tout un fond de lumineuses
prairies, de salins et de coteaux.

TOILE. — Haut., 74 cent. 1/2; larg., 95 cent.

DONGEN
(KEES VAN)

13. — Le peignoir rose.

Une jeune femme étendue sur un canapé, un coussin vert sous la tête, feuillette un livre. A ses pieds un coussin noir à rosaces bleues.

Signé à gauche en bas : V. D.

TOILE. — Haut., 32 cent. 1/2 ; larg., 54 cent.

DUFRENOY
(GEORGES)

14. — Roses et vases persans.

Sur une table oblique, de gauche à droite, un beau vase pansu à col effilé avec des roses rouges panachées de blanc, trois autres vases de formes pleines. Dans l'un une rose rouge. Dans l'autre des roses blanches. Le troisième est vide.
Fond vert qui fait ressortir le tapis rouge et or.

Signé à gauche en bas : Dufrenoy.

CARTON. — Haut., 69 cent. 1/2 ; larg., 93 cent. 1 2.

DUFY
(RAOUL)

15. — Au Havre. Boulevard Maritime.

Caisses et planches à gauche. A droite, promeneurs et marins ; arrière-plan d'eau avec bateaux et rive basse.

Signé à gauche en bas : R. Dufy.

TOILE. — Haut., 15 cent. 1/2 ; larg., 55 cent.

DUNOYER DE SEGONZAC
(A.)

16. — La mare.

La mare s'étend dans toute la largeur du tableau, étroitement enserrée dans des massifs de verdures.

A gauche, un tronc à demi masqué ; à droite, un autre, incliné de droite à gauche.

Signé à gauche en bas : A. D. de Segonzac.

Toile. — Haut., 72 cent. 1/2 ; larg., 91 cent. 1/2.

DUVIEUX

17. — Marine.

A droite, un bateau toutes voiles dehors. Au fond, une ville avec un ciel crépusculaire.

Toile. — Haut., 38 cent. ; larg., 65 cent.

FLANDRIN
(JULES)

18. — Jeune femme au chapeau de paille.

Assise de face, coiffée d'un chapeau de paille avec une fleur rouge dans les cheveux à gauche. Corsage à fleurs, dépassants blancs sur l'arrière-bras. Sur la table devant elle, une ombrelle verte à ruban du même ton. A droite, un piquet, au fond, une balustrade de bois. Un homme accoudé de dos. Plus loin la mer et une barque dont on aperçoit un peu de la grande voile rose.

Signé à gauche en bas : J. Flandrin.

Toile. — Haut., 55 cent. ; larg., 46 cent. 1/2.

FLANDRIN
(JULES)

19. — Les pivoines blanches.

Sur une chaise de paille, un gros vase multicolore où s'étagent les feuilles sombres, puis les claires fleurs des pivoines naines. Au sommet, quatre pivoines rouges. Au fond, dans un cadre ovale et doré, un tableau de danses.

Signé à droite en bas : J. Flandrin.

Toile. — Haut, 73 cent. 1/2 ; larg., 59 cent. 1/2.

FORAIN
(J.-L.)

20. — Portrait.

Se détachant sur un fond sombre, le visage énergiquement modelé regarde vers la droite. Les cheveux bruns sont coupés ras sur le front. Le col blanc gris, cassé sur le devant, émerge du veston noir.

Signé à droite en bas : Forain, avec la mention : A Emmanuel.

Toile. — Haut., 37 cent. ; larg., 27 cent.

FORAIN
(J.-L.)

21. — La cigale.

Aux jours mauvais, adossée à un mur, elle a froid. Et, pour abriter ses mains dans le peu qui lui reste de vêtement, elle est obligée de découvrir ses jambes.

Signé à gauche en bas : L. Forain.

Panneau. — Haut., 23 cent. ; larg., 12 cent.

DE LA FRESNAYE
(R.)

22. — Nature morte aux trois anses.

Anse de bouillotte, anse de pichet brun, anse de bol blanc sur
sa soucoupe, une assiette et un verre sur le tapis violet foncé à
fleurs rouges.

Signé à droite en bas : R. de la Fresnaye.

Toile. — Haut., 46 cent. 1/2; larg., 62 cent.

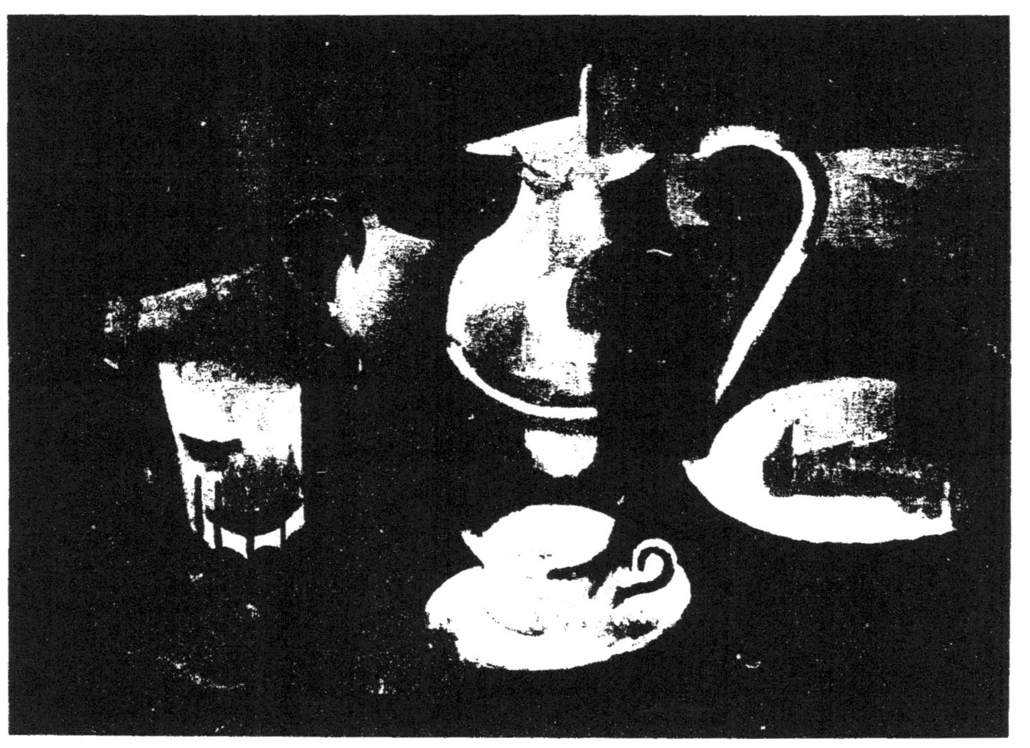

NATURE MORTE AUX TROIS ANSES

Procédé Bernheim-Jeune.

FRIESZ
(OTHON)

23. — La rue Dauphine.

Vue de l'autre rive, avec, à droite, trois arches du Pont-Neuf.
A gauche, un quai bas et quelques pêcheurs. En haut, la frise
pittoresque des vieilles maisons profilée contre un ciel gris
d'argent.
Omnibus et nombreux passants.

Signé à droite en bas : E.-O. Friesz.

TOILE. — Haut., 62 cent.; larg., 48 cent. 1/2.

FRIESZ
(OTHON)

24. — Matin de printemps, à Falaise.

Verger dont les arbres sont éclairés par une lumière frisante.
Au loin, à droite, un clocher d'église. Dans tout le fond, la ville.
Ciel clair.

Signé à droite en bas : E. Othon Friesz.

TOILE. — Haut., 81 cent.; larg., 67 cent.

FRIESZ
(OTHON)

25. — La fontaine de cuivre.

Sur un mur clair, la fontaine accrochée, avec son bassin au-
dessous. A droite, une cheminée, un vase de fleurs et quelques
menus objets.

Signé à gauche en bas : Friesz.

CARTON. — Haut., 38 cent.; larg., 29 cent. 1/2.
Cadre ancien.

GAUGUIN
(PAUL)

26. — Le violoncelliste (Portrait de M. F. Schneklüd).

L'artiste est assis, vu de face, tourné légèrement vers la gauche, les cheveux en deux coques sur le front découvert, les yeux baissés. Le bras droit s'écarte du corps et la main claire, profilée sur le ton roux du canapé, pousse l'archet sur les cordes où se cintrent nerveusement les doigts de la main gauche, en valeur sur le ton rouge et vibrant du violoncelle.

Le mur est tendu d'une étoffe verte à rameaux cambrés, à fruits et à fleurs.

Époque et style de Tahiti.

Signé à droite en haut : P. Gauguin, 94.
A gauche : U paupa Schneklud.

PEINTURE A LA COLLE. — Haut., 93 cent.; larg., 75 cent. 1/2.

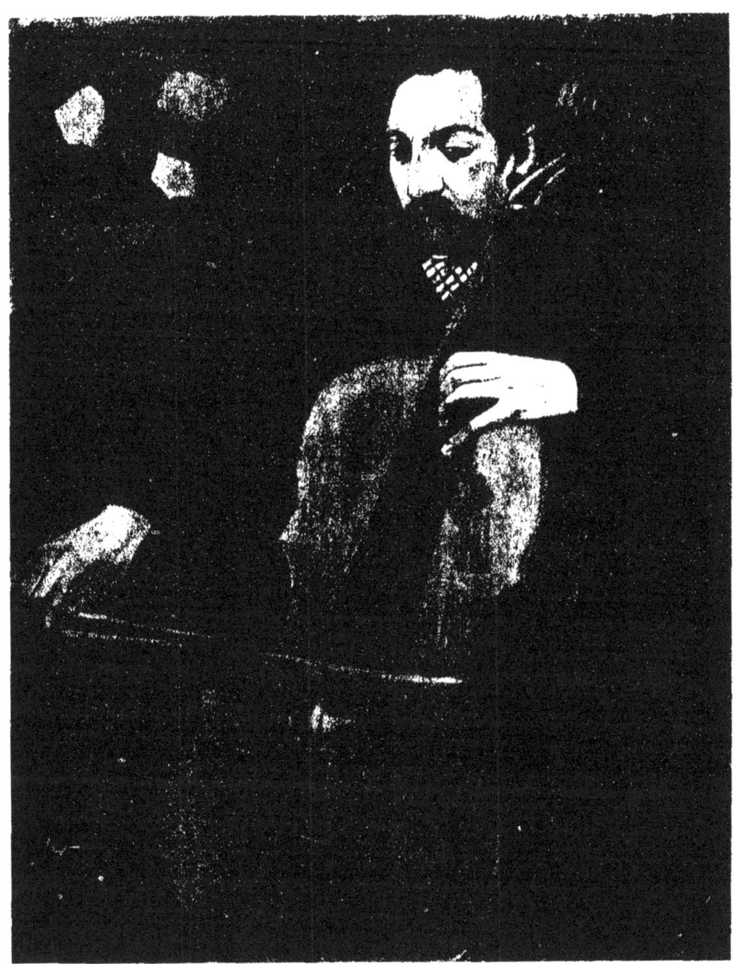

LE VIOLONCELLISTE
(PORTRAIT DE M. F. SCHNECKLÜD)

GIRIEUD

27. — Chrysanthèmes.

Sur une table à tapis rouge, avec un arrière-plan vert, un vase de grès sombre où sont rapprochées des fleurs de chrysanthème cuivrées.

Signé à gauche en bas : Girieud.

Toile. — Haut., 61 cent. 1/2 ; larg., 43 cent. 1/2.

GIRIEUD

28. — Les dahlias.

Dans un pichet de faïence bleue, huit dahlias dont deux blancs. Fond orange, à touches rompues.

Signé à gauche en bas : Girieud.

Toile. — Haut., 56 cent. ; larg., 39 cent.

GOGH
(VINCENT VAN)

29. — Fleurs dans un verre.

Bouquet léger, improvisé. Dans le verre à pied où il se dresse, il harmonise le jet de ses brindilles lancéolées, ses feuilles aux tons soutenus dans de savoureux gris roux, ses clochettes mauves, ses accents de vert vif, de blanc crème et de rouge vineux. Fond délicat, apparenté avec celui de la table.

Toile. — Haut., 41 cent. 1/2 ; larg., 34 cent.
Voir la reproduction p. 58.

GRASS-MICK
(A.)

30. — Vues de Paris.

En haut, — selon les mentions écrites à la plume, — Place Blanche, Boulevard Pereire; en bas, deux autres vues non qualifiées.

Quatre petites toiles ensemble.

Signées : deux à droite en bas.. } *A. Grass-Mick.*
deux à gauche en bas.

Chacune : Haut., 15 cent.; larg., 20 cent. 1/2.

HENRI-MATISSE

31. — Etude de femme.

Une académie dans l'atelier sur un fond sombre.

Signé à gauche en bas : Henri Matisse.

TOILE. — Haut., 69 cent. 1/2; larg., 50 cent. 1/2.

HENRI-MATISSE

32. — L'hôpital d'Ajaccio.

Un chemin montant de droite à gauche. Un enclos avec une cabane. A droite, un sentier détaché, l'hôpital, ses jardins. Au fond, la mer.

Signé à droite en bas : Henri Matisse.

TOILE. — Haut., 38 cent.; larg., 46 cent.

HENRI-MATISSE

33. — La mer en Corse.

A la fin du jour, la mer au loin, par delà une prairie où l'on voit quelques arbres.

Signé à droite en bas : Henri Matisse.

Toile. — Haut., 38 cent.; larg., 46 cent.

HENRI-MATISSE

34. — Le moulin.

Dressé avec ses quatre ailes et son toit pointu, au milieu du champ.
Ciel bleu dégradé au blanc rose.

Signé à droite en bas : H. Matisse.

Carton. — Haut., 36 cent.; larg., 30 cent. 1/2.

HENRI-MATISSE

35. — Feuillages au bord de l'eau.

Un grand tronc d'arbre à droite couche son ombre sur le rivage. Plus loin, l'eau calme colorée au ton du ciel et des verdures aperçues en deux masses, au fond.

Signé à gauche en bas : Henri Matisse.

Toile. — Haut., 51 cent. 1/2; larg., 38 cent.

HENRI-MATISSE

36. — Les œufs.

Sur la table de cuisine, au-dessus de laquelle, dans une glace
à cadre de bambou, se reflètent les épaules et la tête penchée d'une
ménagère, sont une bouteille, une serviette, une petite casserole
couverte, un verre à boire, deux œufs, un fruit, un plat de métal.

Signé à gauche en bas : H. M., 96.

Toile. — Haut., 59 cent.; larg., 70 cent. 1/2.

HENRI-MATISSE

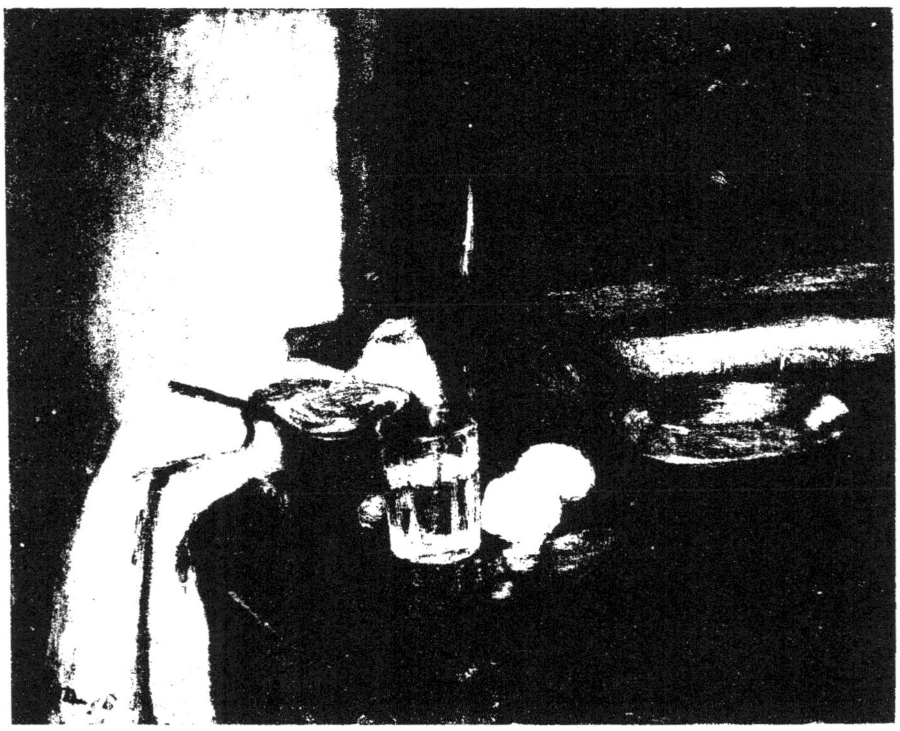

LES ŒUFS

HENRI-MATISSE

37. — L'atelier sous les toits.

Au fond, la fenêtre ouverte sur un crépuscule orange. Mobilier
clairsemé, un bureau où est posée la palette, un chevalet et sa
toile, une petite table pliante avec un vase à fleurs.

Signé à gauche en bas : Henri Matisse.

Toile. — Haut., 55 cent. 1/2 ; larg., 46 cent. 1/2.

HENRI-MATISSE

38. — Effet de neige.

En lisière d'un bois, un premier plan de neige.

Signé à droite en bas : H. Matisse.

Carton. — Haut., 27 cent. ; larg., 34 cent.

HENRI-MATISSE

39. — La nature morte à la serviette.

Sur une table, des cruches et aiguières rustiques, des fruits,
des vases, une serviette à gauche dont un pan retombe.
Technique pointilliste.

Signé à gauche en bas : Henri Matisse.

Toile. — Haut., 27 cent. 1/2 ; larg., 36 cent.

HENRI-MATISSE

40. — Compotier de pommes et oranges.

Sur une table à tapis bleu et dont le bois rouge apparait, une tasse et sa soucoupe, quelques fruits isolés, un vase bleu sombre, enfin un compotier où l'on voit des pommes et des oranges. Le fond, vibrant de clarté, est traité par mouchetis et par traits allongés.

Signé à droite en bas : Henri Matisse.

Toile. — Haut., 46 cent.; larg., 56 cent.

HENRI-MATISSE

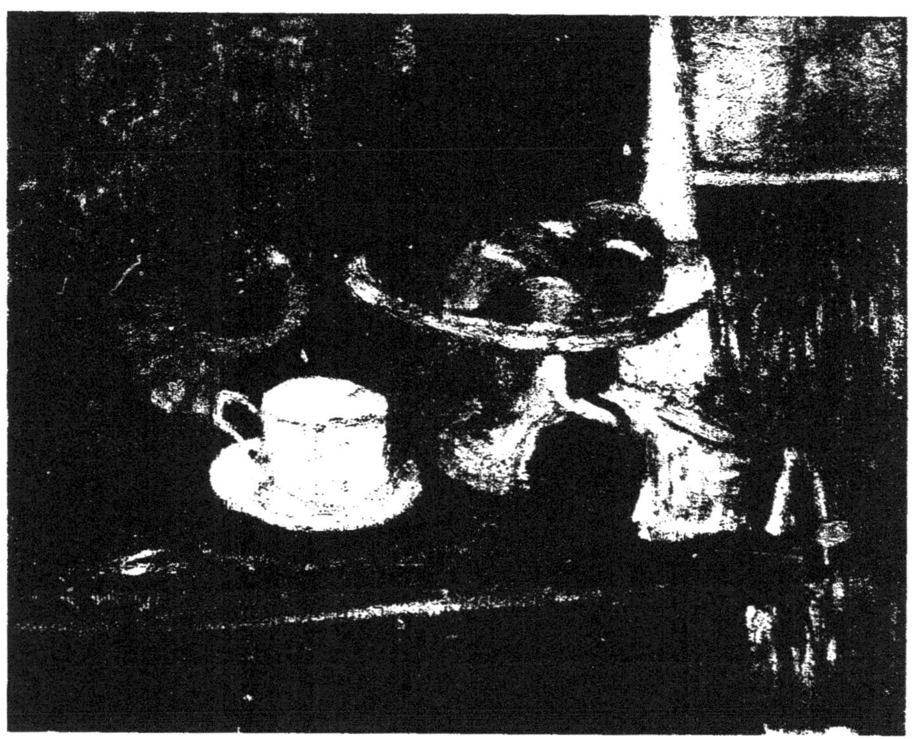

COMPOTIER DE POMMES ET ORANGES

Procédé Bernheim-Jeune.

HERBIN

41. — Vase de fleurs.

Dans un vase bleu vert, des anémones et des fleurs mauves hautes sur tiges. Fond clair.

Signé à gauche en bas : Herbin.

CARTON. — Haut., 52 cent. 1/2 ; larg., 64 cent.

HERBIN

42. — Chrysanthèmes.

Deux vases verts avec chrysanthèmes jaune et rouge. Fond bleu.

Signé à gauche en bas : Herbin.

TOILE. — Haut., 65 cent. ; larg., 54 cent.

Cadre ancien.

HILLAIRET
(A.)

43. — La place du Tertre.

Signé à droite en bas : A. Hillairet.

Toile. — Haut., 45 cent. 1/2; larg., 65 cent.

ITURRINO
(F.)

44. — Les âniers.

A droite, groupe de paysans à l'ombre d'une masure. Les âniers et leurs bêtes, à gauche, sur la place ensoleillée que bordent des maisons villageoises.

Signé à gauche en bas : F. Iturrino.

Toile. — Haut., 61 cent.; larg., 81 cent.

LACOSTE
(CHARLES)

45. — Orthez.

Une prairie s'étend, immense et verdoyante, au pied d'un coteau roux moucheté de petits bois. Au loin, la chaine des Pyrénées avec ses neiges dressées contre un ciel rose et gris.

Signé à gauche en bas : Charles Lacoste, 1898.

CARTON. — Haut., 34 cent.; larg., 54 cent.

LACOSTE
(CHARLES)

46. — Raisins et porcelaines.

Sur la nappe blanche, de beaux raisins noirs, une poire, et des porcelaines blanc crème à filets et ornements d'or.
Au fond, une tenture à ramages.

Signé à droite en bas : Charles Lacoste, 1907.

TOILE. — Haut., 54 cent.; larg., 65 cent.

LAPRADE
(PIERRE)

47. — Jeune fille chantant.

Dans un vaste salon XVIIIe siècle, aux boiseries grises, aux hautes fenêtres ouvertes sur le parc, entre les rideaux d'un ton rouge, l'accompagnatrice est assise au piano. A gauche, auprès d'elle, debout et de face, vêtue de blanc, sa compagne chante, tenant entre ses doigts les feuillets de musique abaissés sur les volants de la jupe claire.

A droite, un canapé avec trois coussins noirs. Un fauteuil de même style, au fond près de la fenêtre.

Signé à droite en bas : Laprade.

TOILE. — Haut., 87 cent.; larg., 1 m. 16.

LAPRADE
(PIERRE)

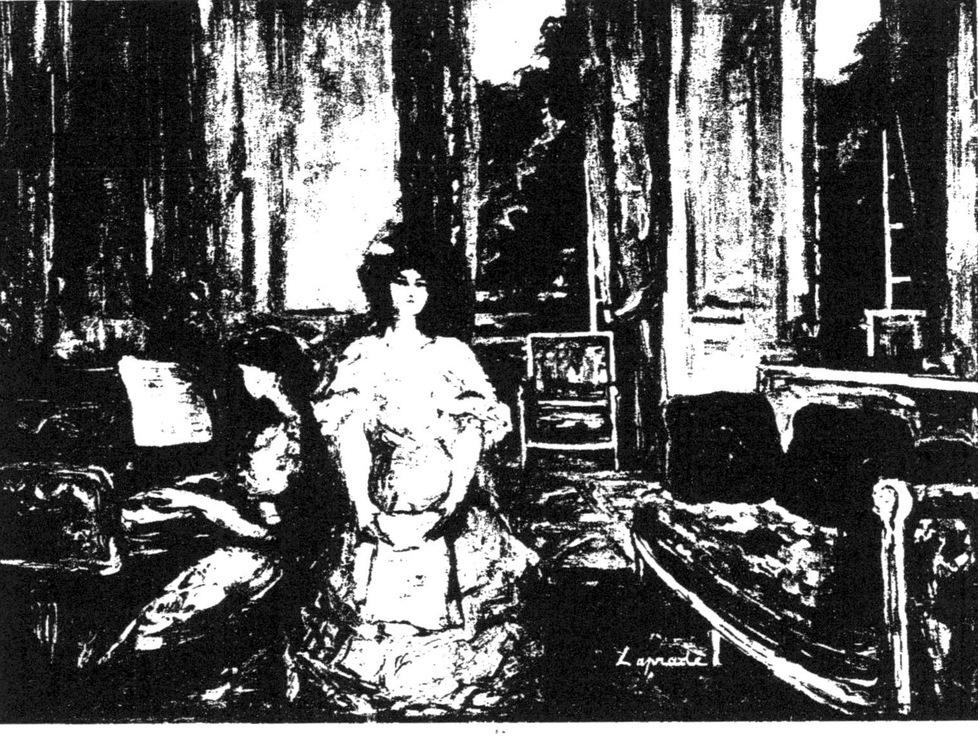

JEUNE FILLE CHANTANT

LAURENCIN
(MARIE)

48. — Groupe de cinq personnes.

Quatre sont assises vers la gauche. Une petite fille est étendue
à droite, esquissée sur un fond gris.

CARTON. — Haut., 61 cent.; larg., 85 cent.

LAURENCIN
(MARIE)

49. — Echarpe, fleurs, éventail.

L'écharpe bleue dans toute la gauche de la toile : à droite, fleurs, éventail, — ton mauve délicat.

Signé à droite en bas : Marie Laurencin.

TOILE. — Haut., 81 cent.; larg., 65 cent. 1/2.

Cadre ancien.

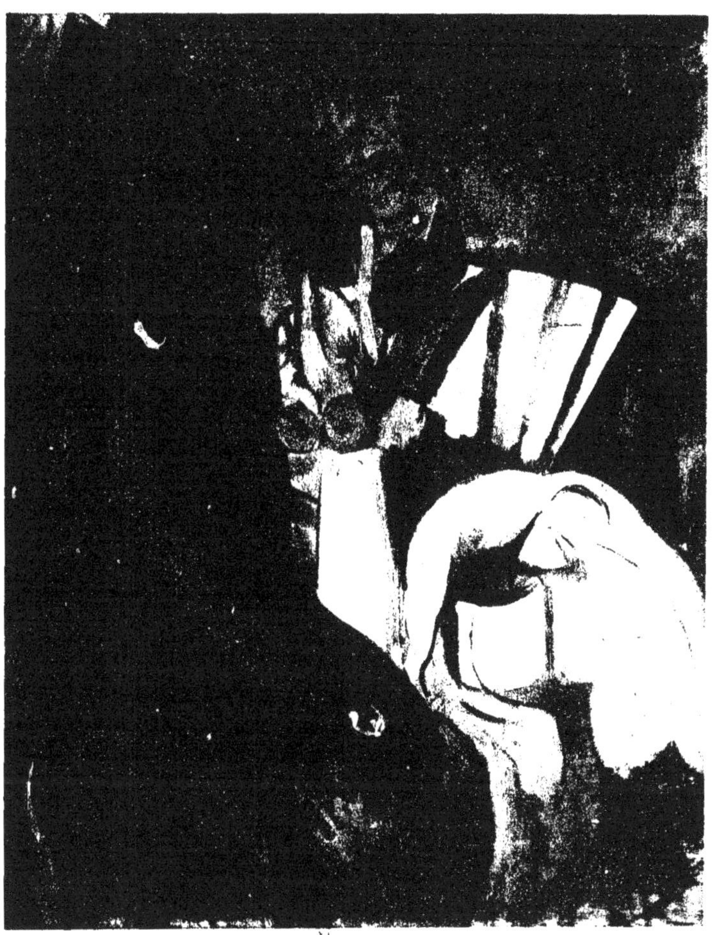

ECHARPES, FLEURS. ÉVENTAILS

LEHMANN
(LÉON)

50. — Compotier doublé dans une glace.

Sur une table à gauche, l'angle d'un plateau laqué noir. A droite, un compotier blanc contenant une pomme. Quatre pommes et une serviette sur la table. Au mur, une glace qui double les images.

Signé à droite en bas : Lehmann.

CARTON. — Haut., 37 cent.; larg., 55 cent.

LUCE
(MAXIMILIEN)

51. — La rue Mouffetard.

Nombreux passants. Le soleil colore le sommet des maisons. Technique pointilliste.

Signé à droite en bas : Luce, 89.

CARTON. — Haut., 32 cent. 1/2; larg., 23 cent.

MAILLOL
(ARISTIDE)

52. — Portrait de femme.

Tournée à droite, regardant en face, les cheveux noirs légèrement ondés sur les tempes, le front découvert. Corsage noir bleu légèrement dégagé en rond. Fond vert à arborescences jaunes.

Signé à droite en bas : Aristide Maillol.

TOILE. — Haut., 47 cent.; larg., 30 cent. 1/2.

MANGUIN

(HENRI)

53. — La glace.

Une femme en corsage et en robe blanche à sept volants, est
assise, vue de dos, sur une chaise à dossier rouge. Devant elle,
une glace où se double son image à droite, et celle d'une fenêtre,
à gauche, avec un fond de lumière vive.

A gauche, un rideau à plis droits. A droite, un écran laqué
rouge.

Signé à droite en bas : Manguin.

TOILE. — Haut., 65 cent 1/2; larg., 55 cent.

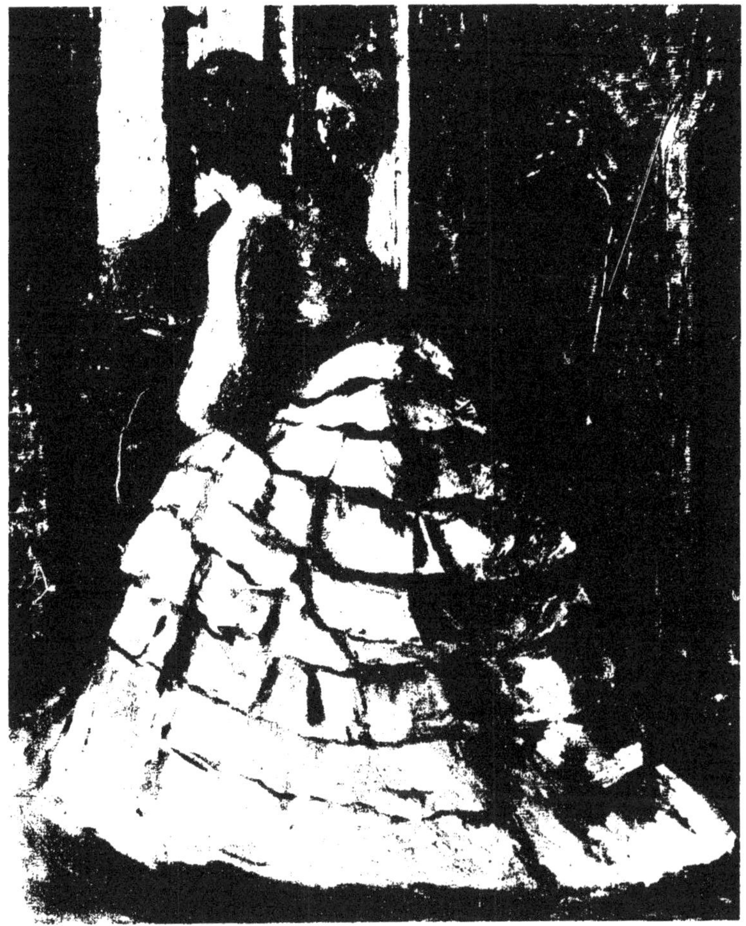

LA GLACE

MANGUIN
(HENRI)

54. — Le divan bleu.

Sur le divan où se drape une étoffe bleue, une femme nue
est étendue, les pieds sur un coussin rouge, la main gauche dans
les cheveux, le bras droit allongé le long de son corps. Au fond
à droite, trois feuilles de paravent.

Signé à droite en bas : Manguin.

TOILE. — Haut., 73 cent.; larg., 92 cent.

MARCHAND
(JEAN)

55. — Plantes vertes.

Etude de végétaux à larges feuilles ou à grandes palmes.

Signé à gauche en bas : Marchand.

TOILE. — Haut., 67 cent.; larg, 55 cent. 1/2.

MARQUET
(ALBERT)

56. — Flammanville, Manche. Marine.

A droite, une proue rocheuse avec une crique où la vague
écume. En avant un premier plan de rochers. Ciel gris. Mer d'un
vert profond.

Signé à droite en bas : Marquet.

TOILE. — Haut., 49 cent. 1/2; larg., 60 cent. 1/2.

MARQUET
(ALBERT)

57. — Notre-Dame. Effet de neige.

Au premier plan à gauche, un quai oblique, sous la neige, avec une cabane en brique rouge. A droite la Seine, et au fond la proue de la cathédrale, avec les combles et les contreforts sous la neige.

Signé à gauche en bas : Marquet.

TOILE. — Haut., 39 cent.; larg., 46 cent.

Mme MARVAL

58. — Les bavardes.

Dans un parc, trois femmes assises dialoguent. Un enfant, à gauche auprès d'elles, joue dans l'herbe.

Signé à droite en bas : Marval.

TOILE. — Haut., 1 m. 14; larg., 81 cent.

METZINGER
(JEAN)

59. — Prairie encadrée d'arbres.

Une prairie verdoyante; à droite et à gauche, s'érigent des masses d'arbres, au plein de l'été. Au loin, un rivage, un fleuve, des coteaux et un ciel ensoleillé. — Technique pointilliste.

Signé à droite en bas : M.

TOILE. — Haut., 61 cent. 1/2; larg., 82 cent. 1/2.

METZINGER
(JEAN)

60. — Pommes et tulipes.

Sur le tapis de table aux tons vert et rouge, des tulipes dans
un vase à col fin et, à côté, des fruits. Fond bleu.

Signé à gauche en bas : M.

Toile. — Haut., 44 cent. 1/2 ; larg., 37 cent.

METZINGER
(JEAN)

61. — Paysage.

Un verger. Femme à droite portant un plateau avec des fruits
rouges. Barque au fond.
Technique cubiste.

Signé à gauche en bas : Metzinger.

Toile. — Haut., 42 cent. ; larg., 33 cent. 1/2.

OTTMANN
(HENRI)

62. — Pivoines.

Sur une petite table, devant la fenêtre ouverte, vase bleu et
pivoines sur un fond de jardin.

Signé à droite en bas : H. Ottmann.

Toile. — Haut., 54 cent. ; larg., 65 cent.

PICASSO
(PABLO)

63. — Les bateleurs.

Ils se tiennent debout à gauche : l'arlequin, l'avant-bras gauche au dos, laissant voir son profil en tournant la tête à droite et donnant la main à la petite fille, en jupe de danseuse, dont la paume droite s'appuie légèrement sur l'anse elevée d'une corbeille ; le gros homme de face, un sac sur le dos ; l'adolescent, en maillot de travail, portant le tambour sur une épaule ; et l'enfant en vêtements trop amples pour lui.

A droite, une jeune femme assise, en chapeau de paille, le bras gauche replié, la main à l'épaule, — l'autre main reposant sur les genoux. Derrière, une cruche.

Signé à droite en bas : Picasso.

TOILE. — Haut., 2 m. 25 ; larg., 2 m. 35.

PICASSO
(PABLO)

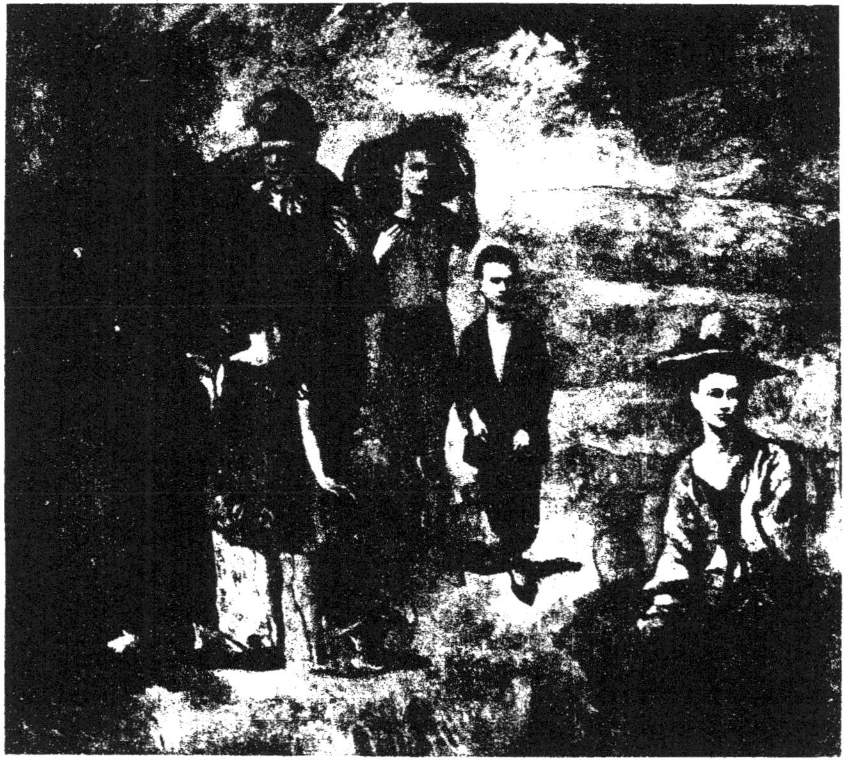

LES BATELEURS

Procédé Bernheim-Jeune.

PICASSO
(PABLO)

64. — Femme et enfants.

Elle va, de droite à gauche, vers le village. Nu-tête, les cheveux en bandeaux, le visage anguleux, elle tient dans sa main droite la main d'un enfant qui mange une pomme. Sur son bras gauche, elle porte un enfant au maillot.

Signé à gauche en bas : Picasso.

CARTON. — Haut., 77 cent. 1/2; larg., 52 cent. 1/2.

PICASSO
(PABLO)

65. — L'homme à la houppelande.

Debout, coiffé d'un feutre noir; la pipe à la bouche; autour du cou un foulard violet. A gauche, au fond, une table avec divers ustensiles. Au fond, à droite, un tableau au mur. A gauche, un cadre rectangulaire.

Signé à gauche en bas : P.-R. Picasso.

TOILE. — Haut., 81 cent.; larg., 50 cent.

PICASSO
(PABLO)

66. — Les maisons espagnoles.

Une cour avec un avant-corps à gauche et, au fond, trois étages superposés, à arcatures. — De l'époque bleue.

Signé à droite en bas : Picasso.

TOILE. — Haut., 50 cent. ; larg., 40 cent. 1/2.

PICASSO
(PABLO)

67. — Fruits dans une écuelle.

Dans l'écuelle de terre grisâtre, des poires, des limons verts, une pomme.

Gouache signée au dos : Picasso.

PANNEAU. — Haut., 24 cent. ; larg., 27 cent. 1/2.

PUY
(JEAN)

68. — Portrait d'homme.

Tête coiffée d'un bonnet et éclairée de droite.

Signé à droite en bas : Puy.

TOILE. — Haut., 40 cent. ; larg., 33 cent. 1/2.

PUY
(JEAN)

69. — Barques.

Groupe de barques à voiles. Ciel gris ; mer bleu pâle.

Signé à gauche en bas : J. Puy.

TOILE. — Haut., 46 cent. 1/2 ; larg., 54 cent. 1/2.

PUY
(JEAN)

70. — Tête et buste de femme.

Le haut du corps est incliné, la tête éclairée de gauche. Yeux baissés, cheveux noirs en deux coques. Vêtement rouge.

Signé à droite en bas : J. Puy.

TOILE. — Haut., 54 cent. 1/2 ; larg., 45 cent.

PUY
(JEAN)

71. — Etude de femme.

Debout, éclairée de gauche, la main droite soutenant la chemise rose sur l'épaule, la jupe noire détachée, drapant les jambes, le pied gauche posé sur une chaise. A droite, au fond, un rideau de cachemire rouge. A gauche, un petit miroir suspendu.

Signé à droite en bas : J. Puy.

Au dos : esquisse d'une place plantée d'arbres près d'un port, au soleil levant.

TOILE. — Haut., 88 cent. ; larg., 73 cent. 1/2.

PUY

(JEAN)

72. — Paysage breton. Diptyque.

Deux motifs distincts, — de part et d'autre d'un bel arbre
central — et dont la juxtaposition constitue un décor homogène.

A gauche, — après un pré rayé de sillons bruns, un muret, un
rehaussement du sol, — ce sont des maisons rustiques adossées à
un coteau sur lequel se massent de clairs nuages, dans le ciel
bleu tendre.

A droite, par delà des masses de feuillages, également équi-
librées dans les deux panneaux, une grève ensoleillée, un luisant
d'eau, une rive lointaine. Un gamin en bleu assis sur un parapet
et un fond d'arbres plus légers.

Signé à gauche en bas : J. Puy, 1901.

CARTON. — Les deux motifs ensemble : haut., 80 cent.; larg., 1 m. 19.

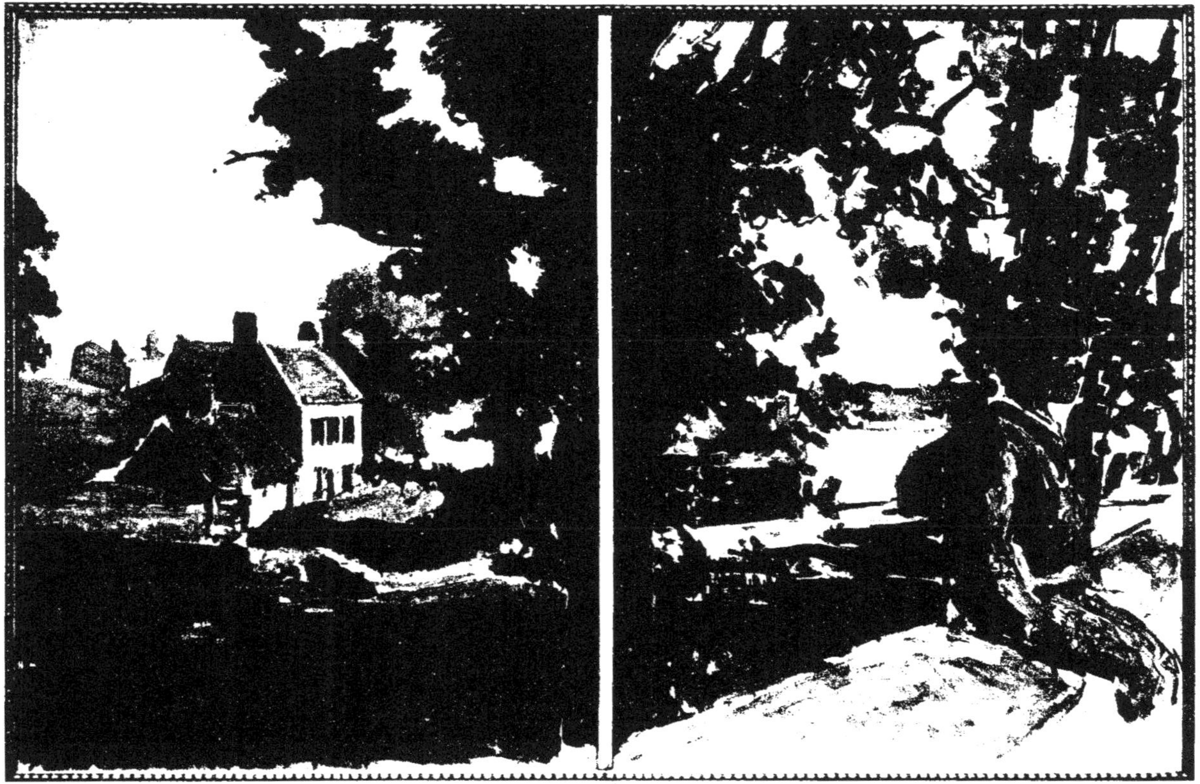

PAYSAGE BRETON   DIPTYQUE

RANSON
(PAUL)

73. — Le mur fleuri.

Un mur à tuiles rouges gaufrées ; l'arabesque d'un pommier
en fleurs. Au delà, la prairie, d'autres pommiers à fleurs neigeuses.
Une ligne de monts, un ciel safrané et des nuages épars.

Signé à droite en bas : P. Ranson.

TOILE — Haut., 92 cent. 1/2; larg., 74 cent. 1/2.

ROUSSEL
(K.-X.)

74. — Silène.

Le groupe se dirige, entrainant les chèvres noires, vers la
droite, où, après quelques buissons, le sol se relève jusqu'à un ciel
blanc gris meublé de légers nuages.

Signé à droite en bas : X. Roussel.

PANNEAU. — Haut., 29 cent. 1/2; larg., 62 cent.

ROUSSEL
(K.-X.)

75. — La fontaine de Jouvence.

Au centre, près de robustes troncs, se détache, sur un fond de taillis, une figure nue couchée, Divinité des eaux, près de laquelle, vers la gauche, se tiennent un enfant, une figure accroupie, un vieil homme debout et un groupe.

A droite, un autre groupe de deux personnes assises. Au fond, du même côté, deux figures s'éloignent dans la forêt.

PANNEAU. — Haut., 42 cent.; larg., 62 cent.

Signé à gauche en bas : K. X. Roussel.

ROUSSEL
(K.-X.)

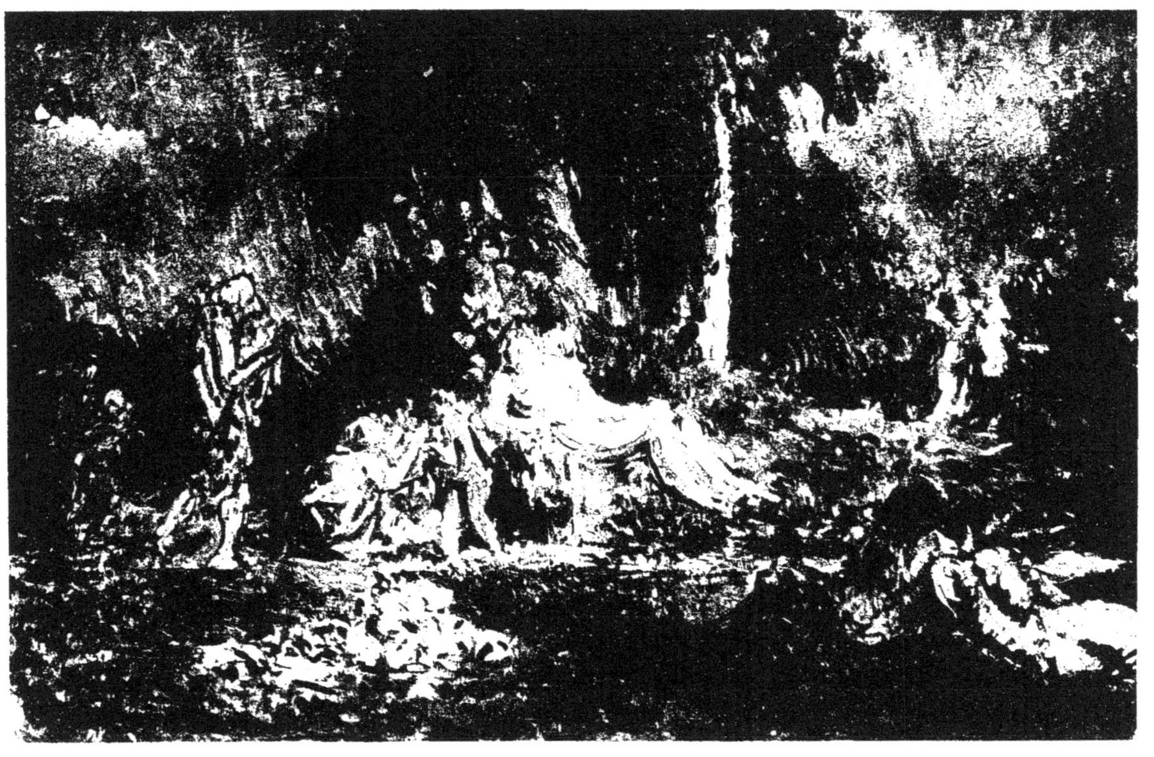

LA FONTAINE DE JOUVENCE

SERUZIER
(PAUL)

76. — Le buisson.

En avant, une prairie avec la trace d'un sentier dallé de quelques granits à gauche. Du même côté une femme debout. Au milieu le buisson. Plus loin, un pré avec quelques arbres.

Signé à gauche en bas : P. Seruzier, 1890.

TOILE. — Haut., 72 cent. 1/2 ; larg., 91 cent. 1/2.

SERUZIER
(PAUL)

77. — Les moutons du Danube.

Dans la montagne. Prairie suspendue à gauche, avec les moutons en groupe et le berger. Au fond à droite, forêts de sapins roux escaladant les pentes que couronnent des falaises.
Ciel crépusculaire.

Signé à gauche en bas : P. Seruzier, 1903.

TOILE. — Haut., 50 cent. ; larg., 72 cent. 1 2

SERUZIER
(PAUL)

78. — Les mimosas. Nature morte.

Sur la table, une pièce d'argenterie, un sucrier, une tasse, une
corbeille, quelques biscuits et un grand vase bleu d'où sort un
bouquet de mimosas en valeur sur le fond brun.

Signé à droite en bas : P. Seruzier.

TOILE. — Haut., 72 cent. 1/2; larg., 59 cent.

UTRILLO
(MAURICE)

79. — Notre-Dame de Paris.

La cathédrale, de face, à une heure crépusculaire, avec groupes
de passants sur le parvis.

Signé à gauche en bas : Maurice Utrillo.

CARTON. — Haut., 74 cent. 1/2; larg., 53 cent. 1/2.

UTRILLO
(MAURICE)

80. — La place.

Vaste, encadrée de maisons sous un ciel gris. Kiosque à musique et quinconces d'arbres. Paysage d'hiver.

Signé à droite en bas : Maurice Utrillo.

CARTON. — Haut., 49 cent. 1/2; larg., 72 cent. 1/2.

UTRILLO
(MAURICE)

81. — Vue de Montmagny.

Par un temps gris, et d'un point élevé. En avant, en bordure du chemin, une villa avec, à gauche, quelques arbres sans feuilles. Au loin, mosaïque de maisons et de jardins.

Signé à gauche en bas : Maurice Utrillo, V.

CARTON. — Haut., 41 cent.; larg., 34 cent.

UTRILLO
(MAURICE)

82. — Rue de village.

Par un jour gris avec des accents de soleil pâle sur les premiers plans. Maisons paysannes de part et d'autre du chemin où s'éloigne une charrette.

Signé à gauche en bas : Maurice Utrillo, V.

CARTON. — Haut., 32 cent.; larg., 47 cent. 1/2.

VALLOTTON
(FÉLIX)

83. — La jetée à Honfleur.

A droite un coin de quai qui se retourne au fond, encadrant l'eau dormante. Sur la jetée, matelots. Une voile à gauche. D'autres voilures. Ho. 179, Ho. 204 au fond.

Signé à droite en bas : F. Vallotton, 1901.

PANNEAU. — Haut., 41 cent.; larg., 49 cent. 1/2.

VALLOTTON
(FÉLIX)

84. — Paysage de Bretagne.

Le rivage granitique à droite. Un plan d'herbe à gauche. Un môle naturel. Un chemin étroit et sinuant, et dans tout le fond, la mer d'un bleu sourd, avec une voile ocre.

Signé à droite en bas : F. Vallotton, 02.

PANNEAU. — Haut., 30 cent. 1/2; larg., 52 cent. 1/2.

VERHOEVEN
(JEAN)

85. — Chysanthèmes et vase bleu.

Signé à droite en bas : Verhoeven.

CARTON. — Haut., 57 cent.; larg., 40 cent.

VERHOEVEN
(JEAN)

86. — Le vase vert.

Signé à gauche en bas : Verhoeven.

TOILE. — Haut., 41 cent.; larg., 26 cent. 1/2.

DE VLAMINCK
(MAURICE)

87. — Les écluses à Bougival.

Symphonie en vert et rouge. Un pré à droite bordé de grands arbres ocre et vermillon. Plus loin, un canal, quelques chalands et des maisons.

Signé à gauche en bas : Vlaminck.

TOILE. — Haut., 54 cent.; larg., 66 cent.

VUILLARD

(EDOUARD)

88. — La dame en bleu.

Dans le salon clair où elle est assise, son costume bleu, son chapeau noir et ses bandeaux sombres tranchent sur la lumière douce qui éclaire des objets aux tonalités discrètes. A gauche, les bras arrondis d'un rocking-chair, la fenêtre et ses rideaux de tulle fleuri sur l'arrière-plan de la rue. A droite, une porte, un guéridon, la cheminée et sa glace, un fauteuil.

Signé à droite en bas : E. Vuillard.

CARTON. — Haut., 61 cent.; larg., 81 cent.

VUILLARD
(ÉDOUARD)

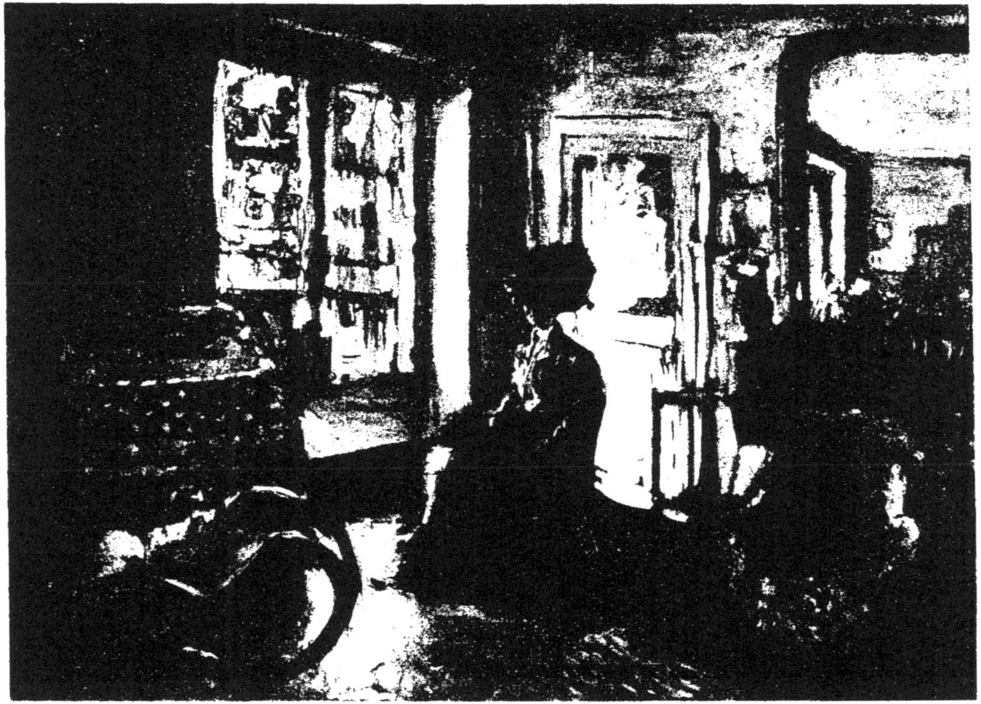

LA DAME EN BLEU

AQUARELLES, GOUACHES,
PASTELS, DESSINS.

BOTTINI

(GEORGES)

89. — Couloir de théâtre.

Dans un couloir de théâtre, quelques élégants spectateurs et
spectatrices.

Signé à droite en bas : G. Bottini.

GOUACHE. — Haut., 24 cent.; larg., 41 cent.

CROSS

(H. EDMOND)

90. — Paysage à St-Clair.

Une maison, à droite, parmi les verdures ensoleillées d'un
jardin estival.

A droite en bas : les initiales de l'artiste.

AQUARELLE. — Haut., 17 cent. 1/2; larg., 25 cent.

DERAIN

(ANDRÉ)

91. — Les baigneuses.

Silhouettes de femmes nues, dont les formes sont estompées.

DESSIN AU FUSAIN. — Haut., 50 cent. 1/2; larg., 47 cent. 1/2.

FILIGER
(c.)

92. — Maisons sur la colline.

Un chemin montant de gauche à droite. Sur une hauteur, à gauche, quelques maisons.

Mention à gauche en bas : Certifié de Filiger, Emile Bernard.

AQUARELLE. — Haut., 23 cent.; larg., 28 cent. 1/2.

FILIGER
(c.)

93. — Tête (dessin) et poteries (aquarelles).

La vivacité des tons aquarellés s'apparente avec l'éclat des miniatures du moyen âge.

Trois signatures à droite en bas : C. F.

TROIS SUJETS EN UN CADRE
Ensemble : Haut., 25 cent.; larg., 62 cent.

FORAIN
(J.-L.)

94. — Voyage autour d'une étoile.

Semble un dessin pour illustrer quelque chanson debitée par cette étoile de café-concert qui, parmi les bouquets et les cœurs, salue vers le public. A ses pieds, les jumelles de théâtre braquées. En haut, la mention en grandes lettres fantaisistes : *Voyage autour d'une étoile.*

DESSIN A LA PLUME, rehaussé. — Haut., 30 cent. 1/2; larg., 22 cent.

Cadre à huit pans.

FORAIN
(J.-L.)

95. — La loge d'actrice.

L'actrice est debout à gauche, un bouquet à ses pieds, les deux mains jointes derrière la nuque. A droite un personnage, assis, en habit.
Fond vert et gris.
Un jupon blanc suspendu à droite.

Signé à droite en haut : Forain.

AQUARELLE. — Haut., 21 cent.; larg., 14 cent. 1/2.

FORAIN
(J.-L.)

96. — Dessin d'après Franz Hals (La Bohémienne).

D'une ressemblance manifeste avec la femme peinte par l'artiste flamand, elle ne ressemble pas moins à celles que Forain a coutume de dessiner.

Signé à droite en bas : f.

DESSIN AUX TROIS CRAYONS. — Haut., 31 cent. 1/2; larg., 28 cent.

FORAIN
(J.-L.)

97. — Entr'acte. Sur la scéne.

L'habitué des coulisses à gauche — frac, haut de forme, légion d'honneur, moustache blanche, œil d'analyste — regarde la ballerine qui, à droite — généreux décolleté, tutu vert, bas roses — a posé son pied droit sur une chaise pour ajuster sa chaussure.

Au fond, un feuillet de décor enluminé, d'autres danseuses et deux hommes en haut de forme. Au loin, le pompier.

Signé à gauche en bas : L. Forain, 2 février 1879.

AQUARELLE. — Haut., 35 cent.; larg., 27 cent. 1/2.

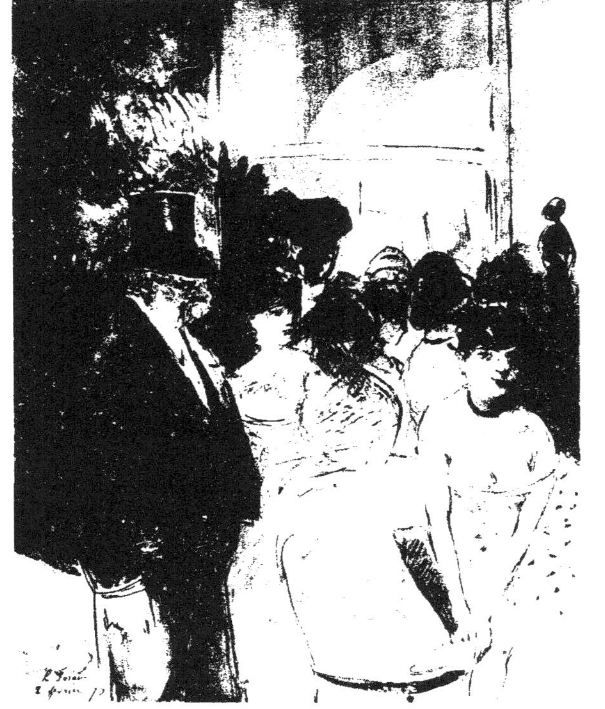

FORAIN
(J.-L.

ENTR'ACTE, SUR LA SCÈNE

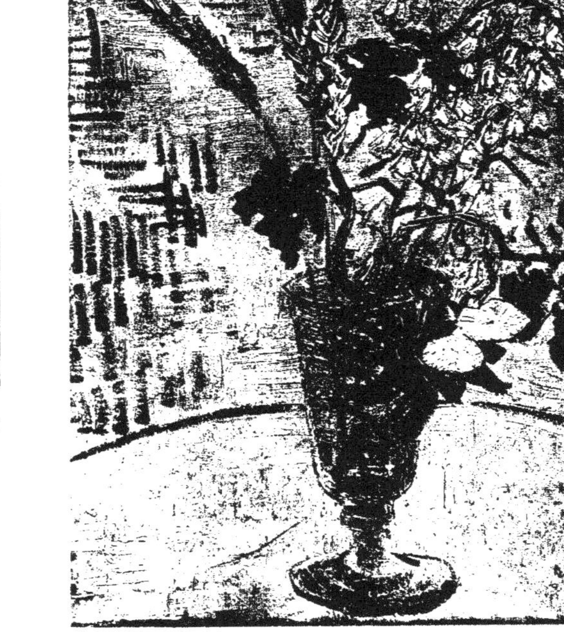

GOGH
(VINCENT VAN)

FLEURS DANS UN VERRE

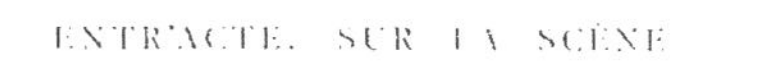

DE GROUX
(HENRI)

98. — Bonaparte en Egypte.

Composition symbolique. Sur le ciel incendié, au crépuscule,
se dresse la masse d'un méhari où est juché Bonaparte, en manteau
pourpre.
A gauche, le Sphinx; à droite, les Pyramides.

Signé à droite en bas : Henri de Groux.

PASTEL. — Haut., 64 cent. 1/2; larg., 46 cent. 1/2.

GUYS
(CONSTANTIN)

99. — Femme.

Marchant de gauche à droite, décolletée bas, jupe rayée, ample
et bouffante, chevilles fines. Regarde de face en passant.

DESSIN AQUARELLÉ. — Haut., 23 cent.; larg., 14 cent. 1/2.

GUYS
(CONSTANTIN)

100. — Biches au bois.

Sur une grande allée, élégantes, alertes, elles s'avancent côte
à côte. Corsages à brandebourgs et robes à paniers. Voitures et
cavaliers.

DESSIN A L'ENCRE DE CHINE. — Haut., 17 cent. 1/2; larg., 24 cent.

GUYS

(CONSTANTIN)

101. — Couple en promenade.

Une femme sans chapeau marche en tenant sa jupe dont
l'ampleur dessine de grandes volutes au-dessus de la crinoline.
Boucle à la ceinture, corsage ouvert en pointe, cheveux en coques
sur le front, en matelas sur la nuque. Son compagnon, sur le bras
gauche de qui elle s'appuie, porte un pantalon ample, une vareuse
a pans et un chapeau rond.

Dessin a l'encre de Chine. — Haut., 40 cent. 1/2; larg., 27 cent.

GUYS
(CONSTANTIN

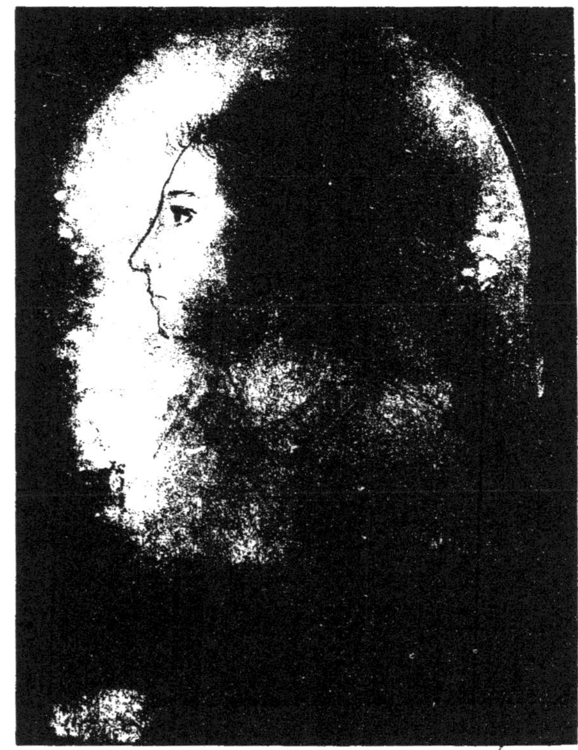

COUPLE EN PROMENADE

REDON
(ODILON)

SOUS L'ARCHE

Procédé Bernheim-Jeune.

GUYS
(CONSTANTIN)

102. — Femme.

Vue jusqu'à mi-jambe, tournée vers la droite. Bras nus, robe bleue à crinoline, un large ruban retombant derrière les cheveux.

DESSIN AQUARELLÉ. — Haut., 24 cent.; larg., 16 cen.

GUYS
(CONSTANTIN)

103. — Femme.

Marchant de gauche à droite, en robe à crinoline.

DESSIN A L'ENCRE DE CHINE. — Haut., 17 cm. 1/2; larg., 12 cm. 1/2.

GUYS
(CONSTANTIN)

104. — Femme.

Une élégante Second Empire très décolletée, en robe à crinoline.

DESSIN A L'ENCRE DE CHINE. — Haut., 25 cent.; larg., 19 cent. 1/2.

GUYS
(CONSTANTIN)

105. — Femme.

Vue presque jusqu'à mi-jambes, en corsage noir, sous un chapeau capote, et portant aux oreilles des boucles à longs pendants.

DESSIN A L'ENCRE DE CHINE. — Haut., 20 cent. 1/2; larg., 12 cent.

GUYS
(CONSTANTIN)

106. — Femme et soldat.

Côte à côte, marchant de droite à gauche; lui, en shako, les mains dans les poches, elle, en falbalas.

DESSIN A L'ENCRE DE CHINE. — Haut., 17 cent.; larg., 11 cent. 1/2.

GUYS
(CONSTANTIN)

107. — Toilettes de visite.

Deux femmes marchant de droite à gauche, en robes à crinolines, longs manteaux et portant le manchon.

DESSIN REHAUSSÉ. — Haut., 22 cent.; larg., 17 cent. 1/2.

GUYS
(CONSTANTIN)

108. — Cavalier et buggy.

DESSIN A L'ENCRE DE CHINE. — Haut., 18 cm. 1/2; larg., 24 cm. 1/2.

GUYS
(CONSTANTIN)

109. — Cavalier, amazone et voiture.

DESSIN A L'ENCRE DE CHINE. — Haut., 22 cent.; larg., 30 cent. 1/2.

GUYS
(CONSTANTIN)

110. — Voiture de gala.

Attelée à deux chevaux, avec cocher en tricorne.

DESSIN A L'ENCRE DE CHINE. — Haut., 20 cm. 1/2; larg., 30 cm. 1/2.

HERVIER

111. — Vieilles maisons. Dieppe.

Etagées en deux plans, maisons à pans de bois, avec à gauche, une échappée sur un ciel d'un bleu fin.
Au premier plan, quelques traces d'herbes, çà et là.

Signé à droite en haut : Dieppe, 1844.
Avec le monogramme de l'artiste.

AQUARELLE. — Haut., 17 cent. 1/2; larg., 12 cent. 1/2.

HERVIER

112. — Leuville.

Une grasse prairie avec des bouquets d'arbres au fond, parmi lesquels on devine des habitations rustiques.

Signé à droite en bas : Hervier. Leuville, 17 octobre 1848.

AQUARELLE. — Haut., 13 cent. 1/2; larg., 22 cent.

HERVIER

113. — Etretat.

Bateaux sur la grève. Ciel nuageux avec une trouée bleue.

Signé à gauche en bas : Hervier, 1856. Nov. 21.

AQUARELLE — Haut., 13 cent. 1/2; larg., 22 cent.

HERVIER

114. — Vue de Paris.

Vieilles maisons à boutiques.

Signé à gauche en bas : Hervier.
A droite : A Paris, 11 juin 1866.

Aquarelle. — Haut, 11 cent.; larg., 14 cent. 1/2.

IBELS
(H.-G.)

115. — La parade.

Sur le tréteau de foire. De droite à gauche, la patronne à sa caisse, le lutteur en maillot blanc, les bras croisés, le pitre vert pâle et la ballerine. Un rideau vert à gauche et, du même ton, l'étoffe qui dissimule les premiers plans.

Signé à droite en bas : H.-G. Ibels.

Pastel. — Haut., 23 cent.; larg., 30 cent. 1/2.

LAURENCIN
(MARIE)

116. — Tête de femme.

Signé à droite en bas : Marie Laurencin.

Dessin a la plume. — Haut., 27 cent. 1/2; larg., 20 cent.

LAURENCIN
(MARIE)

117. — Visage de jeune femme.

Ovale allongé, grands yeux, cheveux à plat retombant sur la nuque.

Manteau rouge à gauche, étoffe bleue et blanche à petites raies rouges, à droite.

Signé à droite en bas : M. Laurencin.

AQUARELLE. — Haut., 26 cent. 1/2; larg., 20 cent. 1/2.

LAVAL

118. — Profil d'enfant breton.

A gauche en bas, la mention : Certifié de Laval, Emile Bernard.

AQUARELLE. — Haut., 26 cent. 1/2; larg., 21 cent.

LUCE
(MAXIMILIEN)

119. — Le Louvre vu des abords du Pont-Neuf.

Trois arches du pont, la rive droite au fleuve avec sa perspective de palais jusqu'au pavillon de Flore et, aux lointains, les Champs-Elysées. A gauche, les lignes déliées des ponts, les bateaux-mouches et une amorce du terre-plein d'Henri IV.

Signé à droite en bas : Luce.

DESSIN AU CRAYON NOIR. — Haut., 28 cent. 1/2; larg., 44 cent. 1/2.

MARQUET
(ALBERT)

120. — La maison du garde.

A gauche un grand pin. Le chemin et la maison se détachent
sur l'arrière-plan des bois. Ciel gris fin.

Signé à gauche en bas : Marquet.

PASTEL. — Haut., 15 cent. 1/2; larg., 24 cent.

PASCIN
(JULES)

121. — Les amoureux.

Signé en marge à droite en bas : Pascin.

AQUARELLE. — Haut., 19 cent.; larg., 18 cent.

PICASSO
(PABLO)

122. — L'absinthe.

Un homme et une femme appuyés à une table de café.
Sur le marbre, carafe, cuiller et verre d'absinthe.

Signé à droite en haut : Picasso.

AQUARELLE. — Haut., 30 cent. 1/2; larg., 24 cent.

PICASSO
(PABLO)

123. — Les trois hollandaises.

L'une, au milieu, vue de dos, vêtue de bleu, tourne à droite, montrant son profil, sa tête coiffée d'un chapeau, et tient ses mains posées sur les épaules des deux autres. Celle de gauche est bras nus, en chemisette blanche et jupon rougeâtre. L'autre a la jupe blanche et le corsage ocre roux. Toutes deux portent le bonnet blanc arrondi. Sur le ciel gris, une maison au toit pointu.

Signé à gauche en bas : Picasso, 05.

Au dos, mention manuscrite : Picasso. Schoort (Hollande), 1905.

PEINTURE A LA GOUACHE SUR CARTON. — Haut., 77 cm.; larg., 67 cm.

PICASSO
(PABLO)

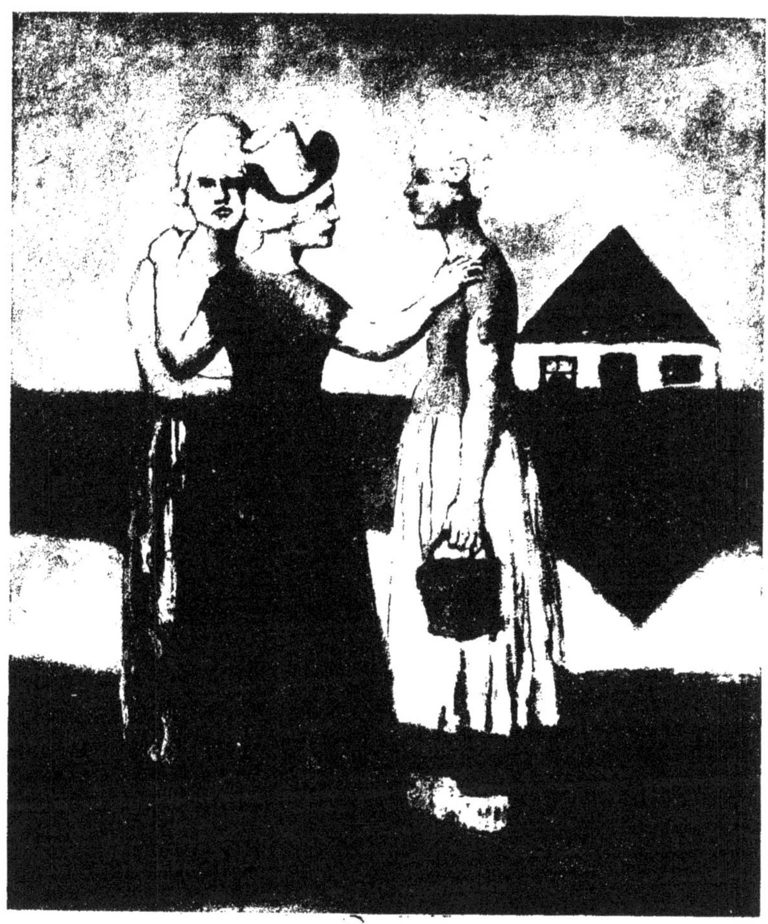

LES TROIS HOLLANDAISES

PICASSO
(PABLO)

124. — Femme et enfant.

Assise, regardant vers la gauche, vêtue d'un jupon rouge et
d'une capeline bleue, elle serre dans ses bras son enfant endormi.
Fond bleu pâle.

Signé à droite en bas : Picasso.

PASTEL. — Haut., 66 cent.; larg., 51 cent.

PICASSO
(PABLO)

125. — Intérieur. Femmes et enfants.

Dans une pièce aux murs bleus, près de la table, deux femmes
et deux enfants. Vase de fleurs sur la table. Au fond à gauche,
la fenêtre laissant voir un jardin.

Signé à droite en haut : Picasso.

PASTEL. — Haut., 39 cent.; larg., 46 cent.

PICASSO
(PABLO)

126. — Clown à cheval.

Coiffé du bonnet de folie rouge et portant un vêtement du
même ton, il laisse retomber sa main gauche sur l'arrière train du
cheval. La main droite maintient les rênes.

Signé à gauche en bas : Picasso.

PEINTURE A LA GOUACHE SUR CARTON. — Haut., 99 c.; larg., 70 c. 1/2.

PICASSO
(PABLO)

127. — Le ménage et l'enfant.

L'homme et la femme debout, soutenant et embrassant l'enfant.

Signé à droite en bas : Picasso.

AQUARELLE. — Haut., 36 cent.; larg., 26 cent.

PICASSO
(PABLO)

128. — Contemplation.

Une jeune femme, à gauche, dort dans un lit. A droite, accoudé à une table, un homme jeune, en costume bleu, la regarde.

AQUARELLE. — Haut., 36 cent.; larg., 26 cent. 1/2.

PISSARRO
(CAMILLE)

129. — La côte Ste-Catherine, à Rouen.

Vues de la rive droite, au loin, les hauteurs de Sainte-Catherine, d'Eauplet et d'Amfreville.

Signé à gauche en bas : Côte Sainte-Catherine.
Rouen, 21 nov. 83.
C. Pissarro.

AQUARELLE. — Haut., 21 cent.; larg., 29 cent.

PUY
(JEAN)

130. — Compotier de fruits.

Signé à gauche en bas : J. Puy, 1908.

DESSIN A L'ENCRE DE CHINE. — Haut., 16 cent. 1/2; larg., 22 cent.

REDON
(ODILON)

131. — La druidesse.

Près de deux chênes, l'un jeune et l'autre antique, la druidesse vêtue d'une tunique blanche. A droite, un arbre énorme, coudé, au-dessus d'un buisson.

Signé à droite en bas : Odilon Redon.

DESSIN AU FUSAIN. — Haut., 47 cent. 1/2; larg., 35 cent. 1/2.

REDON
(ODILON)

132. — Sous l'arche.

Un profil de femme tourné vers la gauche apparait sous une arcature et se détache sur un fond moucheté de clartés. Le vêtement dessine la ligne des épaules et se découpe en rond, haut sur la poitrine.

Signé à gauche en bas : Odilon Redon.

DESSIN AU CRAYON NOIR. — Haut., 49 cent. 1/2; larg., 37 cent.

Voir la reproduction p. 60.

REDON
(ODILON)

133. — La chevelure.

Un profil de femme d'un teint foncé se détache sur un fond clair presque uni, à part deux touches de fusain. Une chevelure crépelée, relevée drue sur le front, retombe en toison compacte sur la nuque.

Signé à droite en bas : Odilon Redon.

DESSIN AU FUSAIN. — Haut., 46 cent.; larg., 37 cent. 1/2.

REDON
(ODILON)

134. — Fleurs sur fond noir.

Des fleurs phosphorescentes, d'un ton orangé.

Signé à droite en bas : Odilon Redon.

PASTEL. — Haut., 47 cent. 1/2; larg., 48 cent. 1/2.

REDON
(ODILON)

135. — Bouquet de fleurs.

Un pichet de campagne où se groupe un bouquet rustique : coquelicot, bruyères, renoncules, roses, jasmin et mimosas.

Signé au pied du vase : Odilon Redon.

PASTEL. — Haut., 52 cent. 1/2; larg., 42 cent.

ROUAULT
(GEORGES)

136. — Fille de cirque.

Regardant vers la gauche, — corsage bleu à grand décolletage, maillot, grand chapeau bleu, — elle a le poing droit sur la hanche. Au fond à gauche, un clown et un chien.

Signé en haut au milieu : G. Rouault, 1906.

AQUARELLE. — Haut., 72 cent. 1/2; larg., 51 cent. 1/2.

ROUAULT
(GEORGES)

137. — Rollin, lutteur.

Corpulent, — fez et maillot rouge, — tourné vers la gauche, il souffle dans un cornet.

Signé à droite en bas : G. Rouault, 1906.

AQUARELLE. — Haut., 69 cent. 1/2; larg., 55 cent.

ROUAULT
(GEORGES)

138. — La péniche.

Signé à droite en bas : G. Rouault, 1906.

AQUARELLE. — Haut., 45 cent. 1/2; larg., 62 cent.

ROUSSEL
(K.-X.)

139. — La plaine.

Elle se relève au fond, limitée par de petits bois. Temps gris.

Signé à droite en bas : X. Roussel.

PAYSAGE AU CRAYON RAFFAELLI. — Haut., 37 cent.; larg., 55 cent.

ROUSSEL
(K.-X.)

140. — Arbres isolés.

A l'automne. Terres de labour coupées de buissons. A droite sont groupés quelques fûts d'arbres sans feuilles. Au fond, ligne de coteaux roux.

Signé à gauche en bas : Roussel.

PASTEL. — Haut., 29 cent. 1/2; larg., 44 cent. 1/2.

ROUSSEL
(K.-X.)

141. — Arbres d'hiver.

Un sentier passe, presque imperceptible, de gauche à droite, dans les terres. Quelques arbres aux branches fortement divergentes et sans feuilles. Un peu de neige. Au fond un plan de coteaux arrondis.

Signé à gauche en bas : X. Roussel.

PASTEL. — Haut., 31 cent.; larg., 46 cent.

ROUSSEL
(K.-X.)

142. — Paysage à St-Tropez.

Dans une terre labourée, un arbre sans feuilles au milieu ; à droite, un appentis et un banc, devant un arbre.

A gauche, en contre-bas, quelques maisons à toits rouges, et une perspective de campagnes.

Signé à droite en bas : X. Roussel.

PASTEL. — Haut., 32 cent. 1/2 ; larg., 50 cent.

SCHUFFENECKER
(E.)

143. — Maisons au toit rouge.

Côte à côte avec un petit bâtiment annexe, sous un grand arbre. Verdures à droite, à gauche et au premier plan.

A gauche en bas : le monogramme E. S.

PASTEL. — Haut., 42 cent. ; larg., 48 cent. 1/2.

SIGNAC
(PAUL)

144. — La salle à manger.

Une salle à manger où sont assis, au fond, à gauche, une
dame buvant une tasse de café, à droite, un vieillard de profil.
Une servante debout.

Signé à gauche en bas : P. Signac.

DESSIN A LA PLUME. — Haut., 18 cent.; larg., 23 cent. 1/2.

Œuvre de 1886, d'après un tableau de 1885.

WILLETTE

145. — Ohé! les gens de sport! Ohé!

Suite de dessins groupés sur le même feuillet, avec légendes.
Date des beaux jours du cirque Molier. En haut : Ohé! les gens
de sport, ohé!

Signé à droite en bas : Willette, bien connu, etc.

DESSIN A LA PLUME. — Haut., 39 cent.; larg., 53 cent. 1/2.

PARIS

MODERNE IMPRIMERIE

37, RUE GANDON, 37
(XIIIe)

1914

TABLEAUX MODERNES

AQUARELLES — GOUACHES — PASTELS — DESSINS

composant la

Collection de la " Peau de l'Ours "

Dont la vente aura lieu à Paris

HOTEL DROUOT, le Lundi 2 Mars 1914 à 2 heures

INVITATION A L'EXPOSITION PARTICULIÈRE

du Samedi 28 Février 1914

COMMISSAIRE-PRISEUR :

Mᵉ HENRI BAUDOIN, 10, rue de la Grange-Batelière

EXPERTS :

J. & G.✳ BERNHEIM-JEUNE | E. D R U E T
15, rue Richepance ; 36, avenue de l'Opéra | 20, rue Royale
25, boulevard de la Madeleine |

Entrée bar la rue de la Grange-Batelière

COLLECTION

DE LA

PEAU DE L'OURS
TABLEAUX MODERNES

COLLECTION

de la

"Peau de l'Ours"